日本でもすでに、コメもモンサント社共同でGM種子が開発されています。今後、私たちはGM穀物を食べざるを得なくなります。

政府はTPPで食料自給率が40％から13％になるといっています。農業、漁業はいったん廃れれば、二度と再生することはできません。

アメリカ国民の78％が反対

一方ではTPPを推進すれば、自動車や電気製品などの輸出が伸びて、雇用が増えるから進めるべきだといわれます。

これも本当でしょうか。

アメリカがNAFTAを締結する前、自由貿易で輸出が伸びて雇用が増えると宣伝されました。当時は6割の国民が、NAFTAに賛成していました。

ところがNAFTA締結の翌年、補助金漬けの800万トンのデントコーンが、アメリカからメキシコへ輸出されました。メキシコの300万戸の小規模農家が倒産して、2000～3000万人ともいわれるメキシコ人が、アメリカ国内に安い労働力として、どっと流入したのです。

その結果、国民の暮らし向きはよくなるどころか、20年間で500万人が失業し、4000もの工場がメキシコなどに移転しました。国民の給料はどんどん下がり続け、43年前の水準にまで下がりました。

アメリカは深刻な格差社会に見舞われました。自由貿易は600社1％の多国籍企業を利する、そのために99％の国民が犠牲になるのはおかしい、とウォール街オキュパイ運動が盛んになりました。

TPPでさらに安い労働力がアジアから流入し、国民の失業率が増え、現在アメリカに残っている工場もアジアに出ていくのではないか。そう心配するアメリカ国民の78％が、今やTPPに反対しているのです。

アメリカ議会でも民主党は勿論、共和党でも強硬な反対派が台頭しています。

医療分野への影響

TPPに反対しているのは、アメリカ国民だけではありません。

オーストラリア、ニュージーランドの国民の6割も、TPPに反対しています。

その理由は、TPPに参加すると医薬品などが2～3倍に値上がりすることが、明らかになったからです。

日本では2015年から、医療の国家戦略特区で混合診療が全面解禁されます。特区内で保険の効かない自由診療が認められます。そこを、アフラックなど外資の保険会社がビジネスとして狙っているのです。

外資の保険会社は、当初は国民健康保険よりも廉価な価格で医療保険への加入を勧めます。サンキストレモンが

そうであったように。

それからが大変になります。

日本は国民健康保険などに1兆5000億円の税金を投入し、誰もが安く医療を受けられるようになっています。

TPPでは、医療も保険も例外ではありません。自国以外の加盟国に対しても、自由な競争が必要とされています。

TPPには「投資家対国家の紛争解決条項」＝ISD条項があります。国民皆保険の枠について、外資の保険会社が日本政府に10兆円規模の損害賠償を求めてくることにもなるのではないでしょうか。

そうなれば、政府も国民健康保険などに税金を使えなくなります。いずれアメリカのように、タミフル1錠7万円、盲腸の手術350万円という治療費が現実のものになってきます。

金持ちしか医療を受けられなくなるのです。

それだけではありません。

私たちが救急車で運び込まれても、アメリカのように保険会社の同意がなければ、手術も薬を投与することもできなくなるのです。

これらのことは、すでに医療、雇用、教育などの国家戦略特区で実現されようとしています。私たちに保障されている憲法25条の生存権、健康で文化的な最低限度の生活が、侵害されようとしているのです。

許されない秘密交渉

もう一つ大切な話があります。

TPP交渉は、これまでのWTOなどの交渉と違って秘密裏に行われています。締結後も4年間の秘密保持義務が課されています。日本の国会議員にも、内容は一切知らされていません。

私は2010年、農水大臣の時からTPPに反対してきました。世界各国関係者の話やリークされた交渉内容をもとに、『TPP秘密交渉の正体』（竹書房新書）も執筆させていただきました。この4年間は、TPPとの闘いにすべてを捧げてきたように思います。

私たちの生活を揺るがすような交渉が、まったく国民に知らされないままに、安倍総理とオバマ大統領の間で合意されているのです。これは、すでに憲法21条を根拠とする国民の知る権利を侵害しているのではないでしょうか。

私たちの日本は、紛れもなく立憲民主国家です。

私たち、国民が主権者なのです。

私は今後、このあまりにも不平等な、国の主権を損なうTPP交渉を憲法違反として、司法の場、裁判所に訴えます。私たちはここで何としても、TPP交渉の差し止めをしなければならないと考えています。

5分でわかる！TPP　　もくじ

TPPの正体は？　元農林水産大臣　**山田正彦** ………………… 2

1 **医療**　お金持ちしか医療を受けられない？ ……………… 6

2 **食の安全**　子どもたちの食の安全が守れない？ ………… 8

3 **雇用1**　正社員でも月収3カ月分で解雇される？ ………… 10

4 **雇用2**　移民が増えて失業率が上がる？ ………………… 12

5 **教育**　成績の悪い学校は閉鎖される？ …………………… 14

6 **水道民営化**　水道民営化で上下水道料が4倍に？ ……… 16

7 **地方自治体**　地方自治体の破綻が増える？ ……………… 18

8 **農業**　農産物の直売所が禁止に？ ………………………… 20

9 **畜産業**　卵かけごはんが禁止に？ ………………………… 22

10 **漁業**　日本の入り江で外国船が漁をする？ ……………… 24

11 **知的財産権**　インターネット上で
　　　　　　　　記事を引用すると訴えられる？ ………… 26

12 **ISD条項**　国民健康保険が
　　　　　　　アメリカ企業から訴えられる？ …………… 28

お金持ちしか医療を受けられない？

薬価の値上がり
タミフル1錠 7万円

うそー

介護難民の増加
○△□保険
不採算なので撤退します
じゃね！

行くところがありません〜

TPP

TPPで、医療のアメリカ化が進む？

公的保険が一部の治療にしか使えなくなり、民間の保険に入らなければならない

アメリカは国民皆保険じゃないんだよね

○△□保険
請求書
月々 8〜15万円＊

アメリカでは、さらに初診料が数万円も

アメリカでは医療費支払いのため自己破産する人も多いんだって

＊4人家族で。年齢や既往症にもよる

正社員でも月収3カ月分で解雇される?

TPP加盟国は労働についてはすべてアメリカの基準に合わせる

(アメリカ議会公聴会におけるアメリカ通商代表部マランティス次席代表［当時］の発言)

金銭解雇（お金を払えば解雇できる）が横行

"解雇特区"と批判されて一度はつぶれた金銭解雇が、国家戦略特区＊で始まるんだって

あーれー

クビ切りが自由♡

国家戦略特区とTPPは、中身がそっくりなのよね

＊ 総理主導のもと、特区担当大臣や民間がミニ独立政府のような権限をもち、雇用や医療、教育などの分野で規制改革を進める区域。東京・大阪圏などが指定された。

移民が増えて失業率が上がる？

自由貿易協定（NAFTA・FTA）参加の国では…

 アメリカ 500万人が失業 若者の失業率50％

 メキシコ 2000万人がアメリカへ移民 農家300万戸が倒産

 韓国 潜在失業率20％

こんな話も…

「日本に輸出したいものは**農民**です」

ベトナム政府高官

成績の悪い学校は閉鎖される？

教育の民営化で、アメリカでは…

教師30万人が失職

公立学校4000校が閉鎖
（いずれも2009〜2013年）

しかも、日本は貧困率が上昇中…
子どもの6人に1人が貧困の時代
（18歳未満の子どもの貧困率、厚生労働省「平成25年国民生活基礎調査」による）

学校に行けない子がいなければいいケド…
オウノー

Q. 日本でも、公立学校を閉鎖して、公立小中学校の管理運営を民間委託しようとしている都道府県があります。どこかな？

答えは17ページ

水道民営化で上下水道料が4倍に？

シュウシカイゼン
（収支改善）
のため！

え〜

もし、こんなことになっても対策ナシ。
しかもTPPには、一度民営化したら二度と公共事業には戻せないルールがある

2025年までに
水は110兆円の巨大市場
になると言われている

儲かる人たちがいるのね！

15ページの答え　大阪府

2040年には全国の市区町村のうち、約5割が消滅可能性都市という指摘があったよ
（2014年5月時点、日本創成会議による発表）

地方自治体の破綻が増える？

TPPでは地方自治体の公共事業に多国籍企業が参入できる

政府調達

地元企業、地元産品の活用禁止

英語と日本語で電子競争入札

処理できません…

外国企業の差別だ！

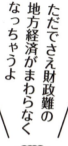
中小企業はひとたまりもないよ

ただでさえ財政難の地方経済がまわらなくなっちゃうよ

卵かけごはんが禁止に？

TPPには食の安全基準同一ルールがある

サルモネラ菌が危険！

卵の生食を禁止するアメリカ基準をおしつけられるかもしれない

米韓FTA後、韓国では…

養豚業者の7割が廃業

ハム・ソーセージの加工・流通業もアメリカ大手に吸収される？

国産和牛が消える…

ひぇ〜

効率化　関税ゼロ

輸入規制は貿易の障害

BSE牛の輸入も止められない

日本の入り江で外国船が漁をする？

日本の漁業海域で外国漁船の操業を許可しないと **TPP違反！**

ま、また〜？

日本政府が訴えられる危険性があるんだって

TPPでは多国籍企業も入札に参加

日本国漁業権

＊実際の取引は電子入札です

昔から沿岸に住む人々に与えられていた漁業権が、取り上げられてしまうのよ

11 知的財産権

インターネット上で記事を引用すると訴えられる？

ブログやSNSで新聞記事・他者の意見などを引用すると刑事罰対象に。

えっシェアもだめなの？

パロディや二次創作も訴えられる
（著作権者が訴えなくても、第三者が起訴できる非親告罪化）

コミケも危ない？

さらに…

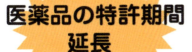
医薬品の特許期間延長
ジェネリック薬品が作れない

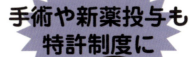
手術や新薬投与も特許制度に
手術や処方のたびに特許料を支払う

政府がプロバイダーを規制
不適切と判断されたウェブサイトは閉鎖

高額な賠償金
（法定損害賠償金制度の導入）

賠償金は1000万円？

日本はアメリカ企業に毎年**7兆円**の特許料を払っている

アメリカで知的財産権は今や、年間約12兆円の主要輸出産業

知的財産：発明・意匠・商標・著作物・植物品種の特許権…

農業や自動車を上回るんだって

国民健康保険がアメリカ企業から訴えられる？

TPPには、国内法より投資家の言い分が優先される投資家対国家の紛争解決条項
＝ISD条項 がある

信じられない！

実際にこんな例があるのよ

🇲🇽	メキシコ	有害物質の埋め立てを禁止した政府をアメリカ廃棄物処理会社が訴える	政府が賠償金1670万ドルを支払う
🇨🇦	カナダ	人体に有害な神経性物質を石油製品に混ぜることを禁止したカナダ政府をアメリカ燃料会社が訴える	政府が和解金1000万ドルを支払う
🇦🇺	オーストラリア	政府のたばこ包装規制法をフィリップ・モリス社が訴える	数十億ドルの損害賠償(係争中)
🇰🇷	韓国	学校給食の地産地消やエコカー減税が中止に	

訴えられることをおそれて自主規制するケースも多いのよ

【監修者】

山田正彦（やまだ・まさひこ）

1942年長崎県五島市生まれ。早稲田大学法学部卒業。元農林水産大臣。弁護士。司法試験合格後に五島で牧場経営、その後、法律事務所設立。1993年衆議院選挙初当選、2012年まで5期を務める。2009年民主党鳩山内閣で農林水産副大臣、菅内閣で農林水産大臣。その間、念願の農業者戸別所得補償制度を実現する。

著書に『輸入食品に日本は潰される』（青萠堂）、『アメリカに潰される！日本の食』（宝島社）、『中国に「食」で潰される日本の行く末』（青萠堂）、『小説 日米食糧戦争 日本が飢える日』（講談社）、『実名小説 口蹄疫レクイエム 遠い夜明け』（KKロングセラーズ）、『「農政」大転換』（宝島社）、『TPP秘密交渉の正体』（竹書房新書）、『アメリカも批准できないTPP協定の内容は、こうだった！』（サイゾー）ほか多数。

【編者】

アーシャ・プロジェクト

子どもたちのために社会へ問題提起をする場、話し合う場を創出するプロジェクト。北海道を拠点に、暮らしと政治をつなげるイベントを企画するほか、議員などへのロビイングを行う。共同代表は安斎由希子と山田賢三。http://momssummit.exblog.jp/

5分でわかる！ TPP

2015年1月24日　第1刷発行
2016年10月7日　第4刷発行

監　修　山田正彦
編　者　アーシャ・プロジェクト
イラスト・デザイン　三井ヤスシ
編集・発行人　中野葉子
発行所　ミツイパブリッシング

〒078-8237　北海道旭川市豊岡7条4丁目1-7　2F
電話　050-3566-8445
Mail　hope@mitsui-creative.com
URL　http://www.mitsui-creative.com/publishing

© YAMADA Masahiko, Aasha Project and MITSUI CREATIVE 2015, Printed in Japan
ISBN978-4-907364-03-8 C0036